AF461759

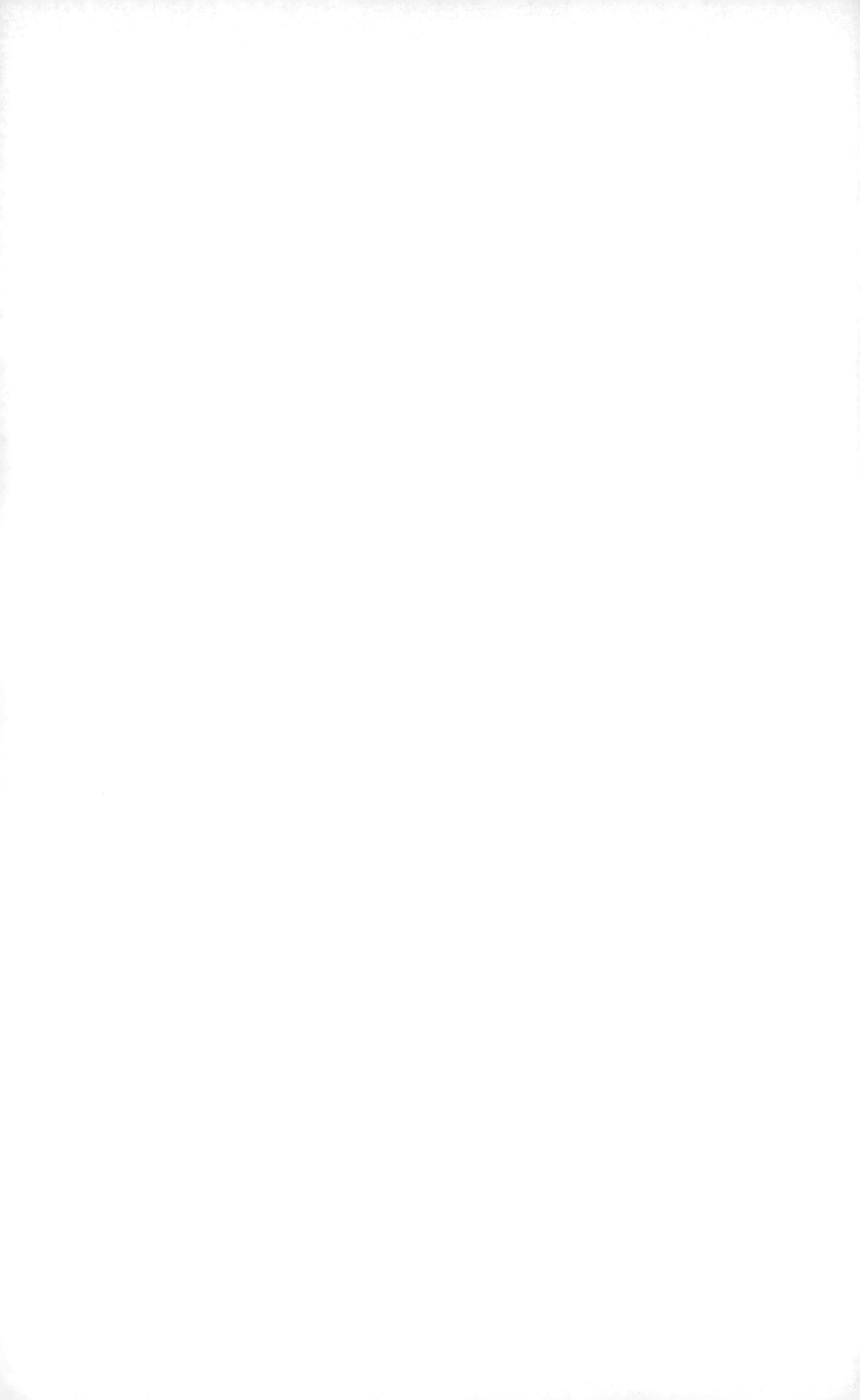

PHILIPPE BURTY

LES

ÉMAUX CLOISONNÉS

ANCIENS ET MODERNES

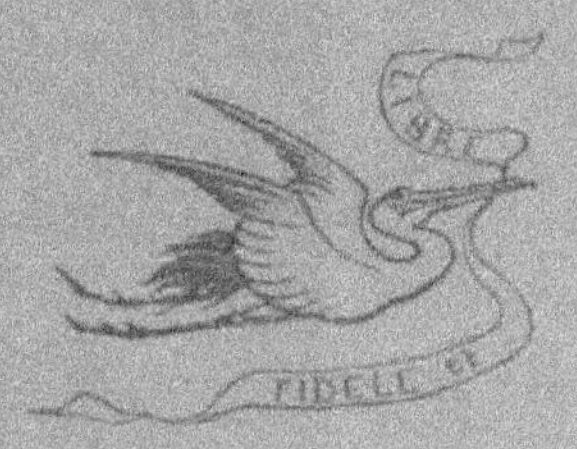

CHEZ MARTZ, JOAILLIER

2, RUE DE LA PAIX

PARIS

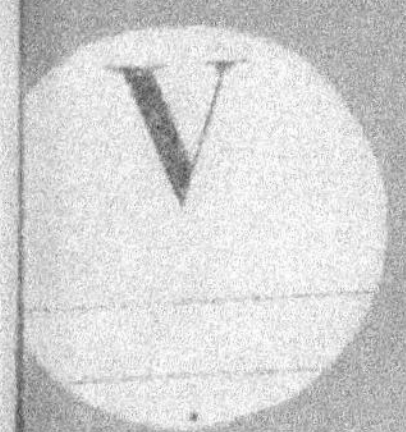

LES

ÉMAUX CLOISONNÉS

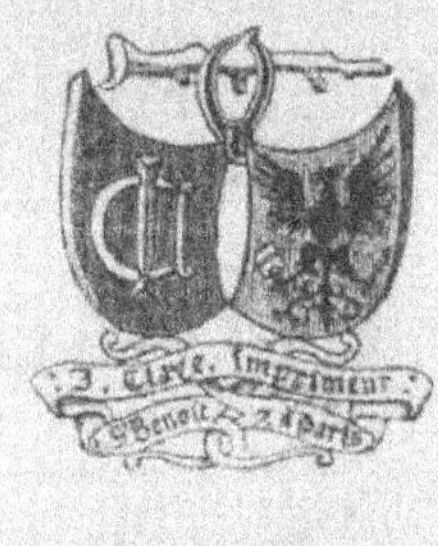
J. Claye, Imprimeur
S. Benoît 7 à Paris

PHILIPPE BURTY

LES

ÉMAUX CLOISONNÉS

ANCIENS ET MODERNES

SE TROUVE

CHEZ MARTZ, JOAILLIER

2, RUE DE LA PAIX

A PARIS

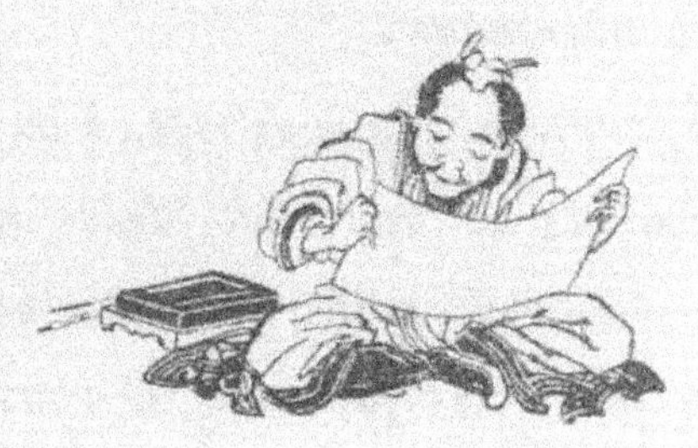

Mon cher DARCEL,

Votre Notice des Émaux conservés au Louvre, *pleine de renseignements précis & de vues ingénieuses, m'a été d'un grand secours pour composer ce petit travail sur les Cloisonnés anciens & modernes.*

Mais si je vous demande de sceller notre vieille camaraderie en acceptant cette Dédicace, *c'est surtout que je veux marquer mon estime au critique qui n'a jamais cessé de combattre en faveur de nos Arts vraiment nationaux.*

Enfin, curieux que vous êtes, à la façon des Normands de fine race, de ce qui est vivant, coloré & point pédant, vous ne méprisez pas l'Art japonais, & vous vous demandez ce que pourront y puiser de neuf & de sain ceux de nos artistes qui appliquent leur talent à l'Industrie.

Justement, dans ces pages, je parle un peu de l'Art japonais.

Croyez donc, mon cher Darcel, à mes meilleurs sentiments d'estime & d'amitie

PH. BURTY.

Août 1868.

LES

ÉMAUX CLOISONNÉS

ANCIENS ET MODERNES

Un émail est une peinture sur une plaque de métal, obtenue à l'aide de verres diversement colorés, qui subissent une cuisson à peu près analogue à celle du décor de la porcelaine ou de la faïence.

Le métal auquel la fusion fait adhérer l'émail peut être indifféremment l'or, l'argent, le platine, le cuivre, le fer même.

Seulement il le faut moins fusible

que les poussières de verre qu'a déposées sur sa surface le pinceau ou la spatule de l'émailleur. Dans l'âme du foyer, lorsque la cuisson s'opère, que les tons se liquéfient & s'étendent, il faut qu'il résiste fermement.

Ces verres pulvérisés, fusibles à des températures différentes selon les éléments qui les constituent, sont composés, en général, de mélanges de borates & de silicates. Ils sont, à proprement parler, les « émaux ». Blancs, ou plutôt incolores en principe, ils acquièrent par l'adjonction d'oxydes métalliques presque tous les tons des pierres précieuses ou des gemmes. L'émailleur a donc à sa disposition une palette d'une incomparable richesse.

Voici quelques-unes des combinaisons élémentaires d'où naissent ces tons qui répondent complétement à ceux que l'on observe sur un vitrail. Les oxydes de cobalt, de chrome, de cuivre & de manganèse, colorent le verre en bleu, en vert, en rouge & en violet. Le chlorure d'argent donne le jaune, le sulfure d'argent le rouge. Le blanc d'opale est fourni par l'adjonction au fondant de l'oxyde d'étain, & le blanc vif par une combinaison de ce blanc irisé avec le plomb. Le noir, ou du moins ce qui en tient lieu, car le noir serait l'absence radicale de toute lumière & il n'existe réellement pas dans la nature, s'obtient en mélangeant & en concassant les bleus, les verts, les violets, très-foncés[1].

1. On trouvera des détails à la fois très-circonstanciés & très-clairs dans un charmant livre que vient de publier M. Claudius Popelin. Ce livre a pour titre : « *L'Art de l'Émail*, leçon faite à l'Union centrale

Ces verres, plus ou moins sensiblement translucides, laissent vibrer dans leur sein les flèches de la lumière, à la façon de l'émeraude, des larmes de l'ambre, des baies de la groseille. Lorsqu'on les veut opaques, comme le sont le lapis-lazuli, l'ivoire, le pétale des fleurs, on mêle à leur cristal un peu de cet émail blanc vif que nous citions plus haut. Ils absorbent alors la lumière, de même qu'un verre d'eau passe du transparent au laiteux lorsqu'on y a versé quelques gouttes d'eau de Cologne.

Les émaux, — & ici nous reprenons le sens général du mot, c'est-à-dire le résultat de la fusion de divers émaux de verres sur une plaque de métal, — les émaux peuvent s'obtenir de diverses

des Beaux-Arts appliqués à l'Industrie, le 6 mars 1868. »

façons. Leur dénomination varie selon leur aspect ou selon les procédés employés. Il y a les émaux cloisonnés, les champlevés, les translucides dits aussi à taille d'épargne, & les émaux de peintres. Les nielles sont aussi des émaux.

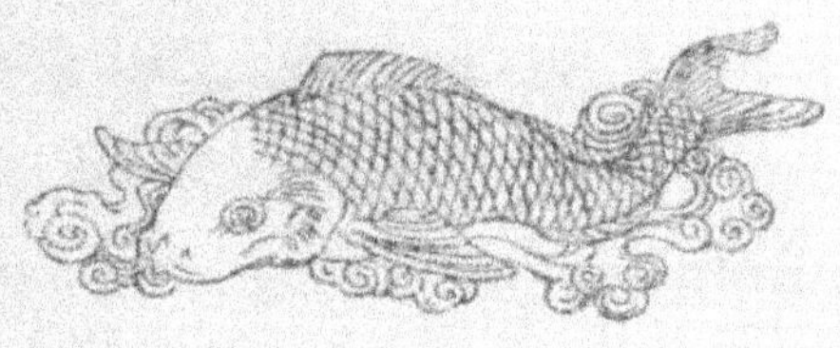

Les sociétés anciennes ont toujours bien mal tenu les archives de leurs arts & de leurs industries. Au début de tous ces arts, pour tous ces enfantements qui ont créé à l'Humanité d'inépuisables sujets de distraction & de gloire, on ne trouve guère que des noms fabuleux :

— Tubalcaïn, pour l'invention de l'usage des métaux, — ou des légendes incomplètes: — le verre, recueilli en Phénicie par des marchands qui, faisant bouillir leur marmite sur un sable ciliceux, ont vu courir du foyer un ruisseau de cristal ardent.

Pour l'émail, rien. On ignore même l'étymologie de ce mot. On a cru le retrouver dans le « Haschmal » dont parle Ézéchiel; mais il est probable que le prophète entendait désigner là un métal particulier. La basse latinité a écrit « smaltum »; les italiens « smalto ». Selon M. Littré, « émail » serait une forme moderne de l'ancien haut-allemand « smelzan » qui signifie fondre. En effet, dans l'élaboration d'un émail le fait fusion domine. Mais il n'en faudrait pas tirer la conclusion que les

Allemands aient inventé le procédé.

Est-ce l'émail que, dans deux ou trois passages de l'*Iliade*, le poëte entend par « Ἤλεκτρον » ? Qu'était-ce que cet « électrum » dont il est si souvent question dans le dénombrement des magnificences de Byzance ? Ces problèmes, discutés avec ardeur par des savants fort compétents, sont restés obscurs sur bien des points. Nous n'osons prendre ici parti, quoique nous ayons notre opinion faite, & le public, pour lequel nous écrivons ces notes rapides, ne pourra nous savoir mauvais gré de cette retenue[1].

Il n'est donc pas prouvé qu'Homère, ou les rapsodes du cycle homérique,

1. Les personnes qui seraient désireuses de s'initier à ces hautes questions consulteront avec fruit le tome III de l'*Histoire des Arts industriels au moyen âge & à l'époque de la Renaissance*, par M. Jules Labarte.

aient connu l'émail. Mais l'Asie, si experte dans l'art de travailler les métaux, & notamment cette Phénicie qui, au témoignage de Pline, façonnait le verre avec la dernière habileté, a pu voir naître un procédé qui ravive singulièrement l'éclat des armes, des orfévreries. Il n'est guère parvenu à nous de spécimen antique tranchant résolûment la question autre que les quelques bijoux d'or émaillés au pinceau, trouvés dans les tombeaux de Vulci & exposés dans les écrins de la collection Campana, au Louvre.

Quant aux émaux cloisonnés attribués aux Égyptiens, une analyse attentive de la matière pulvérulente qui garnit encore les alvéoles de métal porte à reconnaître une pâte colorée, un mastic plus ou moins sec, mais non des verres fondus dans ces alvéoles mêmes. Souvent aussi ce ne sont que de petits cubes de pierre dure, habilement sertis dans une garniture de collier, de bracelet, de plaque de cérémonie. Si les Égyptiens, épris de tout ce qui est durable, avaient connu ce précieux mode de décoration qui fait faire corps au métal & au verre, ils ne l'auraient pas parcimonieusement employé.

Donc, pour l'ancien monde, il y aurait incertitude presque absolue, si deux passages des livres d'un rhéteur grec, Philostrate, fixé à Rome, au commencement du IIIe siècle, à la cour de Julie, femme de l'empereur Septime-Sévère, ne venaient jeter quelques lueurs dans ce chaos.

Ces passages n'ont rien d'absolu, & sont, à la rigueur, susceptibles d'interprétations diverses. Tels que nous les acceptons, ils vont nous fournir deux points de départ, l'un de l'Orient, pour les émaux cloisonnés, l'autre de l'Occident, pour ces émaux champlevés qui, par des modifications très-curieuses, sont devenus, au XVIe siècle, les émaux peints.

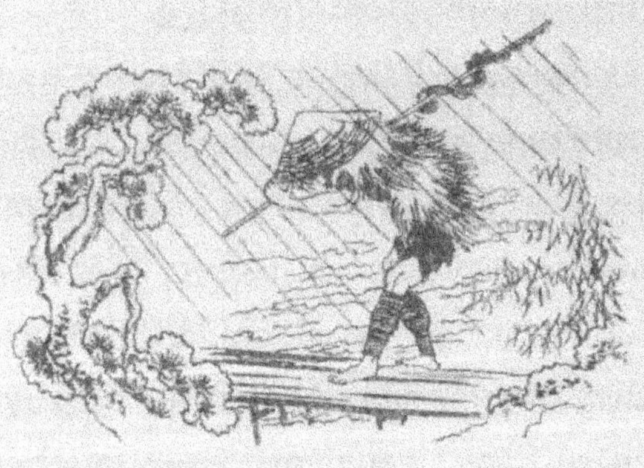

Philostrate, dans sa vie d'Apollonius de Tyane, reproduit cette note de voyage du singulier thaumaturge, prise au premier siècle de l'ère chrétienne, dans le sanctuaire d'un temple indien, à Taxilla, capitale de l'ancien royaume de Porus : « A chaque muraille étaient attachées des plaques d'airain historiées. Les hauts faits de Porus & d'Alexandre y étaient représentés avec du cuivre, de l'argent, de l'or & de l'airain noir; les éléphants, les chevaux, les soldats, les casques, les boucliers, les lances, les épées & les traits étaient de fer. Ces différentes matières, unies ensemble par la fusion, faisaient l'effet des couleurs. »

Ne chicanons point sur les obscurités que présente la note d'un voyageur, d'un curieux qui ne se préoccupe guère de la façon dont un tableau peut être obtenu sur métal. Reconnaissons des émaux cloisonnés dans cette description d'ornements, d'un aspect en tout cas nouveau & frappant pour Apollonius de Tyane, qui n'était ni un badaud ni un ignorant.

Le procédé que nous allons décrire conduit à quelque chose qui doit ressembler de bien près à ces « plaques d'airain historiées », à ces tableaux dont « les différentes matières étaient unies par la fusion » & dont certains détails étaient « de fer ».

Avant de commencer un émail cloisonné, il est indispensable que le dessin général de ce que l'on veut représenter décorativement, personnages, chimères, fleurs, ou caprice ornemental pur, soit bien arrêté dans la silhouette générale & dans les principales divisions. A l'aide d'une pince, on fait suivre à une lame mince de métal, or, cuivre ou argent, les méandres mêmes de cette silhouette & de ces divisions de membres, de plis, de pétales, de rosaces, &c. Ce grillage — absolument analogue à ce qu'est en massif une grille de fer ouvragée — est posé, puis fixé à l'aide d'un peu de gomme sur une plaque de métal, également en cuivre, en or ou en argent, dont on a légèrement relevé les bords en cuvette. La fine armature offre alors une série d'alvéoles analogues à ceux d'un gâteau de miel, mais de formes tout à fait irrégulières. Ce sont les *cloisons* dans lesquelles, à l'aide d'une spatule, on introduit les pâtes d'émail, faites de verre pulvérisé & étendues d'un peu d'essence. Puis l'on passe au four. La chaleur fait rapidement fondre ce que renferme chacune de ces cloisons & respecte le métal. Si l'on emploie des verres colorés, de fusibilité inégale, il faut naturellement commencer par les plus durs, & revenir au four autant de fois que l'on mettra d'émaux nouveaux ou que l'exigera le parfait remplissage de chaque cloison, que l'on ne « charge » pas du premier coup jusqu'au bord. Au sortir du feu, la surface est devenue inégale, comme poreuse, à cause des petites bulles d'air qui sont venues y crever, & concave par le retrait causé par l'agrégation de la matière. On l'unit à l'aide de la meule & on la polit par des moyens spéciaux. Souvent on la glace en passant, à l'aide d'une cuisson dernière, une légère couche de fondant ou verre absolument translucide. Les émaux prennent alors l'éclat d'une pierre dure taillée. Ces petites cloisons de métal, qui souvent n'ont que l'épaisseur d'un cheveu, & qui ont empêché les tons, pendant la période de liquéfaction, de se mélanger, brillent aussi & marquent le dessin par leur treillis éclatant.

Tel est, sommairement, le procédé des Byzantins. Tel il est pratiqué encore aujourd'hui.

Vient-il de l'Inde, berceau de tous les arts? De la Chine, dont la civilisation est si antique & dont les rapports commerciaux avec l'Occident paraissent aujourd'hui remonter fort loin? Cette question, à cette place, importe assez peu. Le cloisonné devait nécessairement être inventé — ou repris, en admettant qu'il ait été antérieurement pratiqué — par les Byzantins, passionnément épris des métaux éclatants, des pierres précieuses, des marbres rares, de l'ivoire,

BIBLIOTHÈQUE IMPÉRIALE IMPR.

& possédant à fond l'Art de la verrerie.

Ce n'est qu'à l'origine des civilisations, dans ces âges où les pépites d'or se ramassaient, comme des cailloux roulés, aux versants de toutes les vallées, dans le lit de toutes les rivières, que l'homme a pu se contenter des produits naturels. Peu à peu ces faciles trésors diminuèrent, s'épuisèrent & il fallut songer, soit au trompe-l'œil, comme le repoussé qui fait supposer faussement des pleins, soit à la substitution des matières, comme le verre qui est la charge du cristal. Au temps des voyages de Chardin, la Perse possédait encore intact tout son mobilier royal ou sacré en or massif.

Les empereurs romains de la décadence avaient employé largement la pierre précieuse; mais ce n'est rien auprès de ce qu'en consomma la dynastie à demi asiatique de Byzance. Constantin (en 327) voulut faire une capitale d'or & de marbre. Ses successeurs enrichirent l'Église triomphante avec la fastueuse humilité de barbares adorant une idole redoutable. Justinien Ier les dépassa tous : au XIIIe siècle, lorsque les croisés s'emparèrent de Constantinople, l'intérieur de Sainte-Sophie resplendissait encore sous le revêtement de mosaïques, de lames de métal, de paillons, d'émaux dont il l'avait parée à son arrivée au trône, vers le milieu du VIe siècle. Les débris de l'autel, vraisemblablement émaillé, que les Croisés saccagèrent, furent apportés à Venise & excitèrent l'admiration. C'est même de ce moment que l'on songea à appeler de Byzance, déserte & ruinée, les ouvriers qui possédaient encore intacte la tradition de leurs pères.

Les mines de Golconde & de Mizapour, celles du monde entier n'auraient pu suffire au luxe qui gagnait toutes les stations de la nouvelle Église. Les orfèvres byzantins s'avisèrent d'abord d'imiter les cabochons qui, avant d'orner le mobilier ecclésiastique chrétien, avaient brillé sur la tiare des rois mèdes & sur le harnois des conquérants barbares. Ils exécutaient ce faux en coulant des verres colorés dans de petites capsules d'or. Au XIe siècle, c'était d'usage courant. Un moine de ce temps, Théophile, nous a laissé un livre consacré à l'enseignement de quelques arts décoratifs, *Diversarum artium schædula*. Il y explique tout au long comment, dans la décoration d'un calice, les émaux, *electra*, peuvent alterner avec les pierres véritables.

Les idées d'ensemble présidaient minutieusement alors à la construction comme à la décoration des églises & des chapelles. On fut conduit naturellement à imiter, en réduction, sur le parement des autels, sur les châsses, sur les ornements sacerdotaux, les mosaïques qui revêtaient les murs mêmes d'inaltérables tableaux. Cela s'obtint sans peine d'abord en juxtaposant & en soudant les capsules d'or dont nous parlions à l'instant, ou bien, sans admettre ce tâtonnement, en inventant du premier coup le procédé du cloisonné tel que nous l'avons décrit plus haut. Les vitraux de couleur, déjà connus, purent vaguement servir de modèles par leurs divisions de plomb qui circonscrivent les têtes, les membres, les détails principaux, de même que le font les cloisons d'or ou de cuivre.

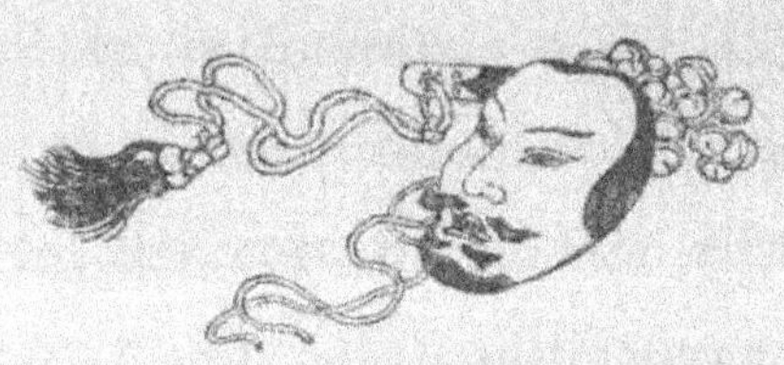

Mais le cloisonné byzantin était presque toujours d'or. Il ne pouvait, à cause de la ductilité & de la valeur intrinsèque du métal, couvrir de bien vastes surfaces. Il subit à son tour la loi des temps & fut remplacé par les émaux de cuivre champlevé, dont nous allons dire quelques mots.

C'est encore un passage du rhéteur

athénien, Philostrate, qui va nous servir de guide.

Philostrate, dans ses *Descriptions de tableaux,* — lesquels tableaux sont tout à fait de fantaisie, — décrit le harnachement des chevaux que montent des chasseurs au sanglier, & il ajoute : « On dit que les barbares du nord de l'Océan étendent ces couleurs sur de l'airain ardent, qu'elles y adhèrent, deviennent aussi dures que la pierre & que le dessin qu'elles représentent se conserve. » Les barbares, c'étaient — ne vous en choquez point, lecteurs — vraisemblablement nos grands-pères, les Celtes. L'abondance des colliers, des bossettes de mors, des bracelets, des fibules, des vases à parfums que l'on a trouvés dans les tombes celtiques & gallo-romaines de la Normandie & de l'Angleterre, indique la proximité d'un centre actif de production. C'est là que les marchands phéniciens venaient prendre ces bijoux, fort admirés du monde gréco-romain, en échange des soieries & des épices de l'Orient. Quelques-uns de ces émaux sont d'un style si rude, que l'on peut croire qu'ils appartiennent à la civilisation tout à fait primitive de la Gaule.

Les champlevés, quoique le résultat soit en apparence semblable, diffèrent totalement des cloisonnés. Dans ces derniers, le grillage qui isole & retient les émaux est en quelque sorte mobile, au moins ne tient-il qu'artificiellement à la plaque. Pour les premiers, au contraire, on prend une plaque de métal d'une certaine épaisseur; on y trace les principaux linéaments de son dessin; puis, à l'aide d'un burin, on creuse les alvéoles destinés à contenir les tons d'émail, on les champlève, on *lève*, en quelque sorte, des parties de ce *champ* de métal. Le reste, cuisson & polissage, suit comme pour les cloisonnés.

On comprend sans peine que l'on puisse graver ainsi de vastes surfaces de métal. L'outil du buriniste laboure avec bien plus de sûreté que ne travaille la pince du cloisonneur, & l'action du feu est moins à redouter pour les déformations de cette plaque relativement épaisse. Enfin, la réserve des divisions de métal pouvant être beaucoup plus importante, l'effet décoratif est plus sûr quand il s'agit, non plus de bijoux ou d'objets minuscules de décor que l'on regarde de près, mais de champs plus étendus.

C'est donc des côtes de l'Océan & de

la Manche que le procédé du champlevage pénétra très-vraisemblablement sur les bords du Rhin. Peut-être trouva-t-il là ce développement définitif qui est la consécration obligatoire de tout travail humain. Les Gaulois opprimés, charmés, s'il faut l'avouer, par leurs vainqueurs, se dégoûtèrent probablement de leurs arts autochthones. L'émail fut balayé, avec les rudes libertés, comme les neiges d'antan.

Au milieu du XIIe siècle, qui marque la véritable renaissance de notre génie, l'abbé Suger dut appeler, pour exécuter les chefs-d'œuvre d'orfévrerie du trésor de l'abbaye de Saint-Denis, des orfévres & des émailleurs lorrains. La Lorraine était purement allemande.

Peu de temps après, Limoges s'empara du champlevage & en tira un prodigieux parti industriel. Au retour des Croisades, il y eut une énorme demande de châsses pour renfermer les reliques des saints & des martyrs, & le goût oriental domina. On ne s'effaroucha point de cet art à demi barbare & qui a toute la sauvagerie & l'ascétisme du solitaire & du moine de l'Église primitive : des physionomies rudes, sans traits, sans autre mouvement que l'humilité ou la menace ; un vêtement étroit, bridant les membres ; des gestes anguleux qui bénissent ou qui maudissent & terrassent comme ceux des idoles indiennes ; des yeux ronds, des bouches ouvertes, des mains étendues, des crânes rasés, des regards d'aigle à jeun...

Limoges ne chercha pas à assouplir ces types. Mais ses émailleurs enrichirent la palette : tout ce mobilier ecclésiastique que l'on rencontre aujourd'hui plutôt dans les collections publiques ou privées que dans la sacristie des églises, les évangéliaires & les crosses, les devants d'autel & les calices, les fermails & les navettes à encens, les colombes pour conserver l'hostie consacrée & les tombes sous lesquelles dormaient les princes & les évêques, tous ces objets aux formes fortes & pratiques, sont décorés de bleu de lapis ou de turquoise, de vert de laurier, de jaune d'écorce de cédrat, de tons de chair pâlie ou de rouge de brique, avec une entente supérieure des lois de l'art décoratif. Qu'ils sortent d'ateliers byzantins, ou allemands, ou limousins, on retrouve toujours dans ces émaux un accent asiatique. L'empreinte du sceau de la première Église resta indélébile.

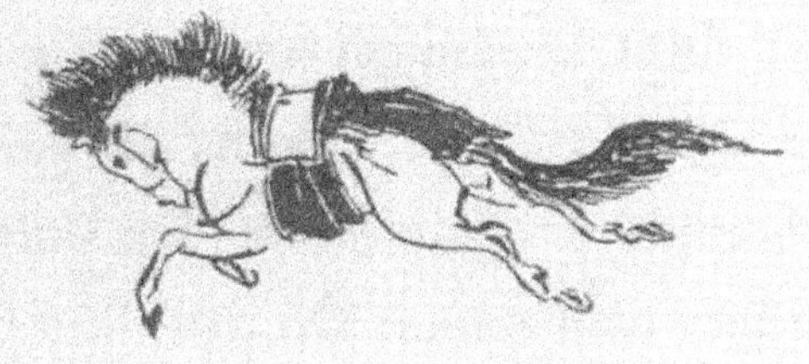

Bientôt, les sociétés se faisant moins croyantes, l'émail champlevé ou l'émail de basse-taille, qui s'obtient en *taillant* plus ou moins bas la surface du métal & en laissant par conséquent plus ou moins d'importance à la translucidité du cristal coloré, vint assouplir cette rude école & ses traditions dogmatiques. A ce propos, il est utile de faire remarquer que la translucidité ne joue presque aucun rôle dans les cloisonnés anciens reposant sur un fond de métal;

ils n'ont guère de tons transparents que le vert, le bleu & le pourpre. Au contraire, dans les émaux de basse-taille, elle donne, avec le renfort du paillon qui décuple la palpitation des éclairs, des effets charmants. On est allé, pendant la Renaissance, jusqu'à émailler le cristal, ce qui exige d'infinies précautions.

L'Art de graver les nielles, aux premières années du XVIe siècle était presque oublié, même dans cette Toscane qui, au dire du moine Théophile, était déjà, de son temps, experte dans l'art d'émailler. Benvenuto Cellini l'a décrit tout au long, dans son *Traité de l'Orfévrerie.* C'est une application du champlevage. Le noir incrusté dans les tailles gravées par le burin de l'orféyre est un magma d'argent très-fin, de cuivre

& de soufre traités par le feu & pulvérisés. Les Orientaux, les Caucasiens, Persans surtout, s'en servent encore aujourd'hui avec une habileté merveilleuse pour décorer leurs armes.

Benvenuto Cellini décrit encore, dans le chapitre III de son *Traité d'Orfévrerie,* un genre d'émaux translucides montés sur filigrane. Nous nous y arrêterons un instant, d'abord parce qu'un de nos très-adroits émailleurs, M. Lepec, en fait, me dit-on, d'ingénieuses applications, puis parce que le récit de Benvenuto, pittoresque & animé, nous met en présence même d'un roi curieux de s'instruire.

« ..... En 1541, écrit-il, pendant que j'étais au service du magnanime François Ier, j'eus occasion de voir à Paris, où je demeurai quatre années consécutives, un merveilleux ouvrage de ce genre.

« Or donc, Sa Majesté étant allée un jour entendre vêpres dans la chapelle royale, chargea le grand connétable de m'apprendre qu'elle désirait me voir après la messe. Dès que je me fus rendu à cet ordre, le roi me dit qu'il m'avait fait appeler pour me montrer quelques belles choses sur lesquelles il voulait connaître mon opinion. Il me montra une coupe à boire, sans pied, exécutée en filigrane, d'une dimension raisonnable & ornée de gracieux feuillages qui s'enroulaient autour de divers compartiments d'un dessin admirable. Mais ce qui la rendait surtout merveilleuse, c'est que les jours ménagés entre les feuillages & les compartiments avaient tous été remplis d'émaux de différentes couleurs : de sorte que quand on exposait cette coupe à la lumière, tous ces émaux devenaient transparents & produisaient un effet si ravissant, que l'on ne pouvait comprendre comment cette œuvre avait été amenée à une telle perfection. Le roi m'ayant demandé si je savais de quelle manière cette coupe avait été exécutée, & m'ayant engagé à lui donner des explications minutieuses, je lui répondis que j'allais décrire exactement la méthode que l'on avait suivie.

« Cette méthode, la voici :

« Pour exécuter un semblable ouvrage, il faut d'abord fabriquer avec une feuille de fer mince, une coupe de l'épaisseur d'une lame de couteau plus large que la coupe de filigrane. Puis, avec un pinceau, on enduit l'intérieur de la coupe de fer d'un lut que l'on compose avec de la terre, de la bourre & du tripoli parfaitement broyé. Après cela, on prend du fil d'or bien étiré, assez gros pour que, l'écrasant avec le marteau sur l'enclume, on en fasse un petit ruban large deux fois comme le dos d'une lame de couteau & mince comme une feuille de papier royal. Ensuite on le recuit vigoureusement afin de le rendre plus facile à travailler avec les molettes. Cela fait, on commence à reproduire avec le fil, dans l'intérieur de la coupe de fer, les divers compartiments de son dessin, en les fixant sur le lut avec de l'eau gommée. Lorsque l'on a mis en place les premiers compartiments & profils, on exécute les feuillages, en les appliquant successivement d'après le dessin.

« Quand tout l'ouvrage est arrivé à ce

point, il faut avoir tout prêts des émaux de toute couleur, bien broyés & bien lavés. On les applique dans les divers compartiments, en variant les couleurs, & on les fait fondre sur le fourneau. On ne les soumet d'abord qu'à un feu modéré, puis on les recharge & on augmente le feu, en regardant toujours s'ils ont besoin d'être rechargés à quelque endroit. On les frotte ensuite jusqu'à ce qu'ils soient tout unis, avec de l'eau pure & une certaine pierre nommée « fraissinelle ». On emploie encore d'autres pierres pour polir l'ensemble de l'ouvrage, & enfin le dernier poliment se fait avec le tripoli & un roseau fendu, ainsi que nous l'avons dit au chapitre des nielles.

« Telles furent les explications que je donnai à mon généreux roi François Ier. Elles satisfirent le désir qu'il avait de savoir comment sa coupe avait été fabriquée. Je m'étendis sur tous ces détails de l'art, parce qu'il aimait grandement entendre parler sur de semblables sujets. Autrement il eût été peu convenable de fatiguer de si nobles oreilles avec un aussi humble discours. »

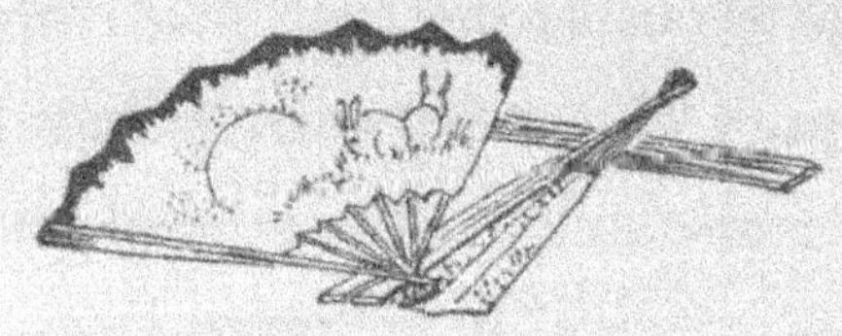

Mais la Renaissance, je parle de celle qui assista au réveil de l'Antiquité comme à celui d'une Belle au bois dormant qui avait fait de bien mauvais rêves, sema par toute l'Italie, la France, l'Allemagne, des besoins de luxe extérieur & de jouissances rapides que n'avait point éprouvés aussi vivement le Moyen âge, troublé par tant d'invasions & de pestes, de guerres & de famines. L'Émail des peintres vint tout à propos pour traduire les caprices aimables & fins de cette société païenne & galante, amie des poëtes & des artistes.

L'émail cloisonné avait remplacé les pierres précieuses serties de métal. Le champlevé de cuivre avait fait délaisser le cloisonné d'or. Les émaux sur relief avaient permis d'animer les contours, de creuser les plis, de détendre l'immobilité hiératique des figures & la solennité anguleuse des gestes. A son tour, l'émailleur de Limoges se servit de la plaque de métal comme le peintre se sert d'une toile, d'un panneau, d'une muraille. Il étendit ses tons sur cette surface plane, les modela par des demi-teintes, leur donna la grâce & la souplesse de la nature, les glaça par des retouches, se servit du four comme d'un antre dans lequel des génies mystérieux & dociles amalgamaient ses travaux & les paraient d'un vernis suprême.

« Cette invention arriva à point nommé pour garnir de bassins & de drageoirs les dressoirs & les crédences jusqu'alors chargés d'une lourde orfévrerie massive, pour orner d'images plus tendres la chapelle & l'oratoire, pour répéter sur la face des meubles & des coffrets le profil des empereurs romains & les scènes de la Mythologie, pour assouplir ou raviver de ses tons profonds ou vibrants le bijou de la dame ou l'épée de gentilhomme. Ce fut toute une révolution dans l'orfévrerie & dans la vaisselle, dans le mobilier & dans la parure. Cette fois encore Limoges en fut le foyer. Elle date des premières années du XVe siècle. Nardon-Pénicaud, peintre-verrier de Limoges, semble en avoir été le promoteur... Léonard Limosin la consacra par son génie de portraitiste & de décorateur[1]. »

La vogue des décorateurs de Limoges ne survécut point au XVIe siècle. Dans ses *Discours,* notre grand génie Bernard Palissy écrit en gémissant : « Je m'assure avoir vu donner pour trois sols la

1. *Chefs-d'œuvre des Arts industriels*, page 340. Nous avons traité dans ce volume de tous les Arts du feu, la céramique, la verrerie, les émaux, les métaux, &c.

douzaine des figures d'enseignes que l'on portoit aux bonnets, lesquelles enseignes étoient si bien labourées & leurs émaux si bien parfondus sur le cuivre qu'il n'y avoit nulle peinture si plaisante. Et cela n'est pas seulement advenu une fois, mais plus de cent mille, & non-seulement cesdites enseignes, mais aussi des esguières, salières, & toutes autres espèces de vaisseaux & autres histoires, lesquelles ils se sont advizés de faire. »

Ces objets de parade & ces portraits démodés s'achètent aujourd'hui à coups de liasses de billets de banque. Quels retours dans les modes!

Dans le XVIIe & dans le XVIIIe siècles, l'émail peint descendit de l'art au métier. On ne s'en servit plus guère que pour décorer de vulgaires plaques de sainteté ou des boîtiers de montres. On le distingue à peine de la peinture sur porcelaine, façon de Saxe ou de Sèvres [1]. Nous ne prendrions point la peine de le noter, si Jean Petitot, qui exécuta tant de chefs-d'œuvre à la cour de Charles Ier & à celle de Louis XIV, n'exigeait une mention spéciale. Le Louvre possède de Petitot une série de portraits de princes & de diplomates, de généraux & de grandes dames, qui fait sentir tout

1. Les émaux peints dits « de porcelaine », c'est-à-dire subissant une cuisson très-inférieure à celle du grand feu, mais obtenus également au pinceau sur une plaque de métal, ont été & sont encore très-habilement pratiqués par les Chinois. Ils sont généralement maintenus dans des tons clairs, & décorent des tasses, des théières, des plateaux, des vases libatoires, comme celui que possède le docteur Piogey.

Ils sont d'une exécution beaucoup moins périlleuse, que les émaux peints dits de grand feu, n'ayant point à traverser dans le four de crises aussi graves & aussi répétées.

ce qu'un artiste attentif pouvait tirer de ce procédé. Le médaillon de Turenne, qui est dans le riche cabinet de M. Léopold Double, reste, par le style du dessin, digne de Philippe de Champagne, & de plus le feu a assuré à ses couleurs l'éternité relative des créations humaines.

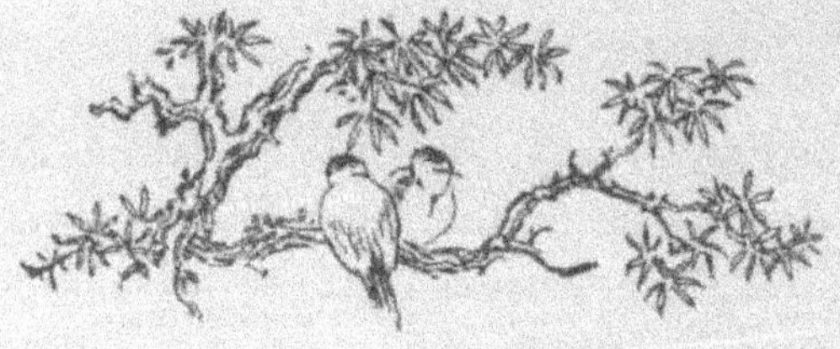

De nos jours, lorsque l'École romantique eut vaincu l'étrusque impérial & le troubadour à gigots, le goût des amateurs se porta avec fureur sur les objets du Moyen âge & de la Renaissance. On rechercha les émaux non moins avidement que les bahuts, les fers ciselés, les majoliques & les manuscrits à miniatures. Un orfévre intelligent, Froment Meurice, fit émailler avec succès des ostensoirs, des calices & aussi des figurines en plein relief, rappelant ces divinités, ces héros, ces chimères qui, sur les bijoux de Caradosso & de Cellini, faisaient fureur à la cour des papes, des princes du nord de l'Italie & de François Ier. On refit, notamment à Sèvres, des plats, des aiguières à la façon du vieux Limoges, qui allèrent jusqu'à tromper des amateurs émérites.

Mais plus récemment on a pu constater une véritable renaissance de l'Émail.

M. Claudius Popelin s'est assuré une place à part non-seulement en exécutant avec autant de sûreté que de goût ses compositions originales, mais encore en publiant, dans des leçons ingénieuses & pratiques, le résultat de ses observations & de ses études. Grâce à lui & à des artistes tels que MM. Gobert, A. de Courcy, Lepec, Meyer, &c., l'Émail des peintres, cet objet d'art essentiellement français, figure maintenant au milieu des tableaux & des dessins, dans les expositions annuelles & y conquiert des médailles.

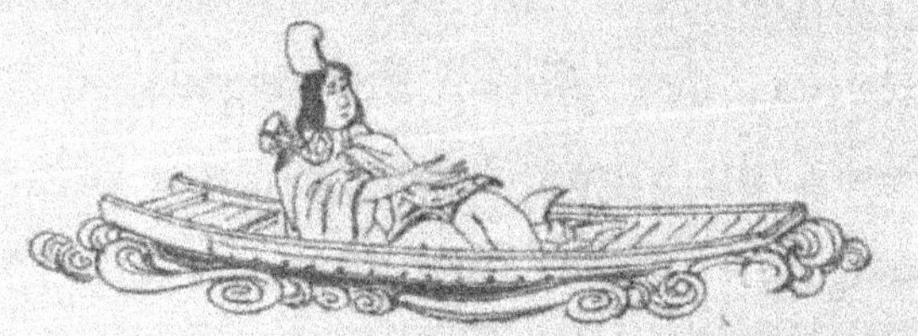

Plus récemment encore, l'Émail cloisonné, qui n'était plus guère mis en œuvre que par les artistes de l'extrême Orient ou par les fabricants d'orfévrerie religieuse, vient d'être tenté par nos artistes parisiens, & ils y ont réussi d'une façon miraculeuse. C'est particulièrement sur les Chinois & les Japonais qu'ils ont pris modèle.

Les Chinois, nous l'avons dit, paraissent avoir connu ce procédé depuis une très-haute antiquité. Il nous est arrivé en Europe, par les Hollandais du XVIIe siècle & il y a quelques années, à la suite du sac du Palais d'été, des spécimens marqués à ces caractères irrécusables de simplicité & de force qui distinguent les arts antiques dans tous les pays. D'autres, d'un style un peu plus souple, portent des inscriptions qui les font authentiquement remonter à cette dynastie des Mings qui régna depuis le milieu du XIVe siècle, jusqu'au commencement du XVIIe. D'autres enfin sont fabriqués d'hier, & viennent à chaque saison garnir les salles de ventes publiques de Paris & de Londres.

Dans la collection du duc de Morny, il y avait des cloisonnés de la plus grande rareté représentant les Saisons. Souvent ces larges plaques, qui dans le pays ornent des écrans, sont émaillées des deux côtés : sur l'un les fruits ou les fleurs s'enlèvent sur un fond blanc ; sur l'autre, le fond est bleu lapis. Il y a des cloisonnés de dimension considérable, des brûle-parfums pour les temples ou les palais, des vasques telles que celles qui, dans le grand salon d'honneur du château du baron James de Rothschild, à Ferrières, servent de caisses à des palmiers. A Ferrières aussi nous avons vu un superbe cloisonné enrichi de cabochons & de chaînettes de perles, figurant un éléphant sacré en tenue de cérémonie[1]. Les vases, les sceptres, les tasses, les pièces d'orfévrerie les plus délicates des artistes de l'empire du Milieu sont décorés avec une finesse & une richesse incomparables... Mains de fées & patience de Chinois!

La beauté du ton de ces cloisonnés est surprenante. Les châles de Cachemyr & les tapis de prière persans du XVIe siècle n'avaient rien de plus harmonieux dans la vivacité, de plus tempéré dans l'éclat. Les artistes chinois emploient presque toujours les tons

1. M. É. Galichon, directeur de la *Gazette des Beaux-Arts*, possède un vase cloisonné antique d'une forme & d'un décor très-purs. Il est reproduit dans nos *Chefs-d'œuvre des Arts industriels*.

mats. Leur blanc est parfois légèrement teinté de lilas. Leur bleu lapis rappelle l'éther insondable des nuits d'été & leur bleu turquoise la palpitation du ciel lorsque naît l'aube. Ils ont un rouge éclatant comme le cœur d'un œillet, — ce rouge que René François, dans son langage précieux, qualifie de « chef & parangon de tous les émaux », — & un jaune aussi velouté que celui des pétales du chrysanthème couleur de soufre.

Ils représentent rarement dans ces émaux des personnages, mais plus volontiers le signe mystérieux de la vie, la grue, symbole de la longévité, le dragon à cinq griffes, attribut de l'empereur régnant, la flamme ronde qui imite l'éclair, le chien de Fô qui grimace & cet oiseau dont le vol prédit les événements heureux, le Fong Hoang; puis des fleurs, des rinceaux dans des bordures formées de cette frise à angles droits que les Étrusques ont beaucoup employée aussi & que les classiques appellent « une grecque ».

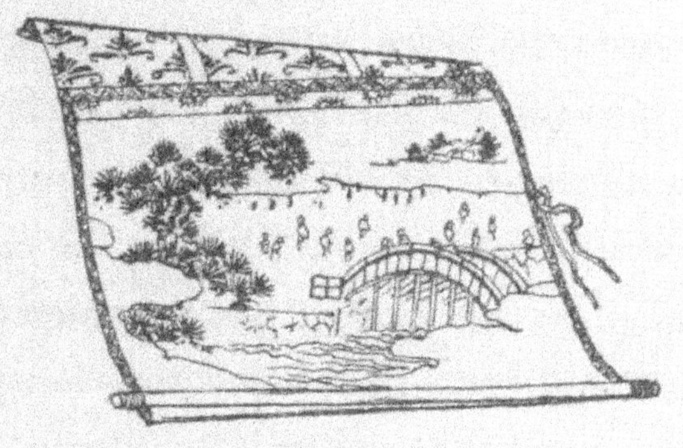

Les grandes pièces en cloisonné du Japon sont d'une tournure plus cavalière & plus artiste. Leur charme réside plutôt dans l'invention du décor & par cela même ils touchent moins le gros des amateurs que l'extrême fini des Chinois.

Les cloisonnés anciens sont d'une tournure superbe, mais il faut convenir que ceux qui nous arrivent aujourd'hui sont d'un travail presque grossier & comme lâchés en vue de l'exportation chez les barbares.

Souvent les manques, les accidents de cuisson ou de refroidissement ont été traîtreusement rebouchés avec des cires colorées; aussi est-il bon de promener son ongle sur tout l'épiderme lorsque l'on marchande un objet moderne. Le plus souvent, l'extérieur est criblé, jusqu'à l'abus, de ces petites bulles d'air qui, pendant la cuisson, sont venues s'amonceler à la surface de l'alvéole : on les appelle des piquassures. Pour les faire disparaître, il faudrait, en polissant au tour, entamer trop profond la matière [1].

Il a été impossible jusqu'à ce jour de se procurer des renseignements positifs

1. Il y avait quelques-unes de ces pièces modernes, de qualité inférieure, décorées souvent par des vols de grues, dans les envois de porcelaine de commerce, faits l'hiver dernier par le Daïmio de la province de Fizen.

Depuis quelques années on rencontre en abondance, chez les marchands de Londres & de Paris, des cloisonnés d'un aspect sombre & peu décoratif. Ce sont des plateaux ronds, des théières, des vases de forme lourde, généralement à fond vert mat. Le motif central seul est assez déterminé. En examinant de près, on reconnait un décor formé de combinaisons de ronds & d'angles s'emboîtant les uns dans les autres comme ces figures géométriquement capricieuses que forment des verroteries agitées dans un kaléidoscope. Personne n'a pu nous dire encore dans quelle province sont fabriqués ces cloisonnés à deux faces, sur cuivre épais & qui sentent la décadence. Comme ils arrivent quelquefois en même temps que les terres de pipe & les porcelaines de Satzouma, on pourrait supposer qu'ils sortent de cette province ou d'un gouvernement limitrophe.

sur les arts industriels dans l'empire du Soleil levant. Personne, parmi nos savants, n'a entrepris de traduire les encyclopédies, illustrées cependant de croquis explicatifs, qui nous apprendraient tant de choses. Les négociants de Nangasaki ou de Yokohama ne songent guère à interroger les intermédiaires qui alimentent les marchés. Nos résidents ne pensent qu'à suivre la politique. Les officiers de marine ne descendent à terre que pour visiter les maisons de thé ou tenter à cheval quelques parties de campagne [1].

Le Japon nous redoute, tout en en-

1. Le *Japon*, relation de son voyage & de son long séjour dans ces pays, par M. Aimé Humbert, ne donne des notes que sur les mœurs, la politique, mais presque rien sur les arts & sur l'industrie. Ainsi pour les relations de M. Lindau & de M. Layrle.

viant notre civilisation. Il a fait, au XVIe siècle, l'épreuve du terrible dissolvant de la propagande occidentale. Pourquoi la France ne cherche-t-elle point à tourner ces barrières? Lorsqu'elle envoie des expéditions dans ces eaux, pourquoi n'y joint-elle pas des gens instruits & curieux, des missionnaires de l'Art & de la Science?

De quel intérêt, par exemple, il serait aujourd'hui pour nos bijoutiers de savoir avec quelles substances, de quelle façon précise les Japonais exécutent leurs merveilleux petits cloisonnés! On a voulu ici les analyser & l'on s'est convaincu que leur rouge, si chaud & si franc, tirant au vermillon mais moins aigre, ne résiste pas comme les autres tons à certains acides. Quand leur pièce est terminée, les émailleurs la glacent avec un fondant. La cuisson que ces pièces subissent est sans doute moins élevée que celle des nôtres & nécessite certains tours de main inconnus : une de ces boules de chapelet, — si riches, si vivantes de ton qu'on croirait regarder un bouquet par le gros bout d'une lorgnette, — ayant été passée au four, les cloisons se déformèrent.

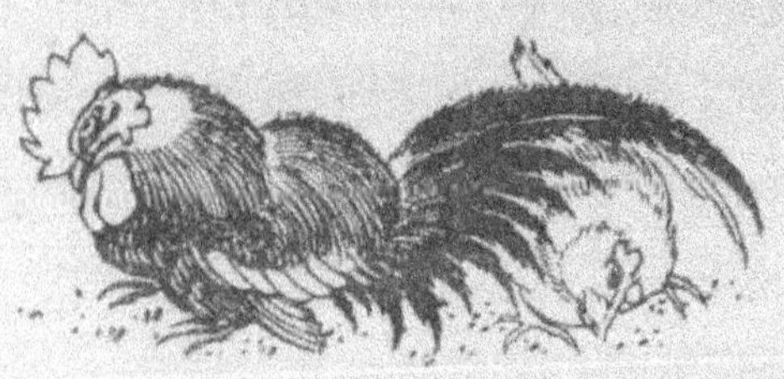

L'idée d'imiter directement ces cloisonnés japonais, qui décorent les bijoux ou les petits meubles, date de l'Exposition universelle de 1867.

Déjà, il y a plusieurs années, le retour au mobilier ecclésiastique du Moyen âge avait fait revivre pour les calices, les ciboires, les navettes à encens, les chandeliers, les burettes, l'emploi des cloisonnés ou des champlevés byzantins. M. Didron fut le promoteur de ce mouvement que d'autres artistes suivirent avec plus ou moins de succès. — Plus tard on put voir, chez M. Barbedienne, des imitations de plus en plus parfaites de cloisonnés chinois ou turcs appliqués sur des lampadaires, des jardinières, des encriers, &c. L'Orient vint même s'approvisionner chez nous & on l'inonda de ces plateaux en cuivre mince qui font mine d'avoir passé au feu, mais en réalité sont peints au pinceau & vernis.

Enfin, au moment où l'Exposition venait de s'ouvrir, un artiste des plus distingué par son érudition & par son goût personnel, M. Reiber, qui a fondé & longtemps dirigé l'*Art pour tous*, eut l'idée, en prenant la direction des ateliers de dessin de la maison Christophle & Cie, d'appliquer le mode de décor des Japonais à des objets d'orfévrerie, à des flacons, des bonbonnières, &c. Il hésita quelque temps, employant tour à tour la palmette indienne, l'œillet des persans, le lotus égyptien & la pivoine des Chinois. Les tons qu'il affectionnait étaient doux & clairs, mais sans beaucoup de force. Le sentiment était juste, mais il y fallait une action plus décisive. M. Alfred Darcel signala, en y applaudissant, cette tentative dans un excellent article inséré dans la *Gazette des Beaux-Arts*, à propos de l'Exposition universelle.

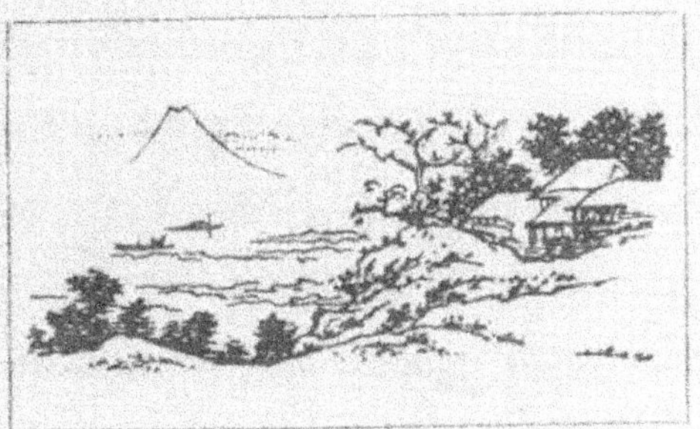

Depuis ce temps, un bijoutier plein d'initiative, M. Martz, est allé droit à l'Art japonais. Il s'est assuré la collaboration exclusive d'un dessinateur zélé & intelligent, M. Falize aîné, & d'un émailleur d'une habileté consommée, M. Tard. Il s'est procuré la série complète des albums de croquis du grand artiste japonais Ou-Kou-Say, des feuilles imprimées de Toyo-Kouni, de son élève Kouni-Yossi, de Yossi-Tona, &c.

Ces séries seront pour nos artistes

industriels une mine de longtemps inépuisable. Il serait bien désirable que le gouvernement en fît distribuer dans toutes les bibliothèques des écoles d'Art appliqué à l'Industrie.

Mieux que le récit des voyageurs, ces albums, qui sortent presque tous des ateliers de Yeddo, nous ont révélé mille secrets sur la nature, les mœurs, les types, les arts de ce pays si accidenté, de cette race si active, si ingénieuse & si affinée.

Je ne parle point ici des traités des Japonais sur la fauconnerie & sur la pêche, sur la récolte du thé ou l'éducation des vers à soie, &c. Mais en tant que matériaux précis & que points de départ pour le dessinateur intelligent, ces albums, imprimés sur bois à plusieurs tons, ont le double mérite d'un dessin plein d'esprit & d'une coloration toujours harmonieuse. Les uns sont tracés comme à l'encre de Chine, d'un trait fin & subtil, les autres d'un pinceau libre & gras comme celui que le céramiste pose sur la surface poreuse du biscuit. C'est la vie surprise dans ses manifestations infinies : l'hirondelle glisse entre les roseaux, la cigogne effleure l'écume de la vague, les mésanges bleues s'abattent comme des essaims d'abeilles sur le pêcher fleuri, la tortue nage, le crabe danse sur le gravier, la carpe fait miroiter ses larges écailles d'or bruni...

Tournez les pages, vous verrez le Fouzi-hama qui fait ondoyer sur les glaciers éternels de sa cime son panache de fumée, des portraits d'acteurs en renom & de courtisanes à la mode, des aveugles qui nasillent, des soldats qui se piètent, des pêcheurs qui tirent leurs filets, des voyageurs dont un coup de vent emporte chapeaux & parapluies à travers les rizières, des enfants qui excitent des coqs, des pêcheuses qui ramassent des pieuvres. La vie réelle y coudoie la légende : les fantômes voltigent dans la nuit; les lutteurs velus font saillir, en présence du taïcoun, leur musculature énorme; les jeunes daïmios promènent dans leurs vastes parcs leur pompeux ennui, & les favorites, agenouillées, feuillettent des romans, adressent des vers à la lune ou peignent des éventails en mordillant leur mouchoir; des sages bouddhistes savourent le rêve & l'extase; des pèlerins se rendent en troupe aux temples achalandés; des bateaux de fleurs glissent dans l'ombre, chargés de femmes qui chantent & jouent des instruments; des guerriers fabuleux forcent des villes ou lancent, violents comme les héros de l'*Iliade*, des quartiers de roc au milieu des bataillons qui les acculent!

Singulière ironie du destin contre la sagesse humaine! Les Japonais ont cru cacher victorieusement aux barbares de l'Occident le secret de leur vie politique & sociale, & les feuillets de leurs albums familiers, de leurs chroniques fabuleuses & de leurs romans illustrés, nous révèlent tout ce qu'ils craignent & tout ce qu'ils aiment, tout ce qu'ils font & tout ce qu'ils pensent.

Toute une série de petits albums est particulièrement destinée, par les maîtres qui ont le secret supérieur de l'invention, aux artisans qui exécutent les modèles. J'y retrouve les motifs les plus variés pour leurs boutons d'ivoire, leurs laques, leurs porcelaines, leurs petites pipes de métal, leurs manches de couteau, leurs poignées de sabre, les peignes de leurs femmes, les étoffes de soie & de coton, les papiers peints, l'ornementation des bronzes... Que de science facile & d'improvisation hardie! Tout un monde de notes exactes, de fantaisies bouffonnes : des toits de village pris dans la neige, des cascades, des ponts en corde reliant deux montagnes, des chats qui ronronnent & des processions de rats blancs habillés en prêtres; des métamorphoses burlesques; des corbeilles remplies jusqu'à l'anse de fleurs, de fruits ou de poissons; des sapins battus par la pluie; la lune émergeant d'un nuage; des insectes, des larves, des crapauds; des danseuses qui ont au dos de grandes ailes de papillon & des chanteuses accordant leur frêle guitare. Puis, des échappées de vue sur la mer à l'angle d'un rocher abrupt; des couvents enfouis dans les platanes; des barques qui filent silencieuses; des masques accouplés de bouffons & de génies malfaisants, des roseaux qui plient, des feuilles que le vent d'automne balaye, des hérons qui piétinent gravement la vase des marais...

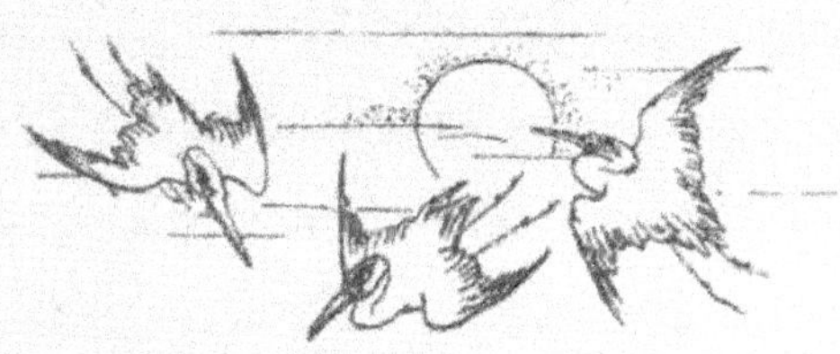

M. Martz est donc dans le vrai en s'imposant pour unique source de modèles ces albums japonais. Les bonbonnières, les médaillons, les boîtiers de montre, les épingles de cravate, les boucles d'oreilles, les broches, qu'il a déjà obtenus, sont exquis & parfaits. Les tons en sont très-variés, & certains d'entre eux, les verts, les roses, les violets, les bleus turquoise, par exemple, offrent des difficultés pratiques extrêmes. Ces émaux n'ont pas le rouge vif, mais un rouge-brun, répondant à ce que l'on appelle le rouge antique, un noir pur, plusieurs jaunes vifs, etc.

Leur émail est d'un grain très-serré; dans les blancs, on dirait une incrustation d'ivoire. La surface n'est recouverte, n'est glacée d'aucun fondant : elle est dépolie & mate. Cela exige une homogénéité beaucoup plus grande dans la matière, car nous avons expliqué que l'usure de la surface découvre des bouillons, des manques, des parties poreuses, qui décorativement font bien sur les grandes pièces en absorbant la lumière, mais qui seraient taxés de défauts & de tares par le public occidental toujours exigeant sur le « fini » des objets d'art & d'industrie. Ces émaux sont à deux faces & d'une solidité remarquable. Il est vraiment admirable qu'un procédé délaissé depuis si longtemps, au moins dans cet emploi, ait été du premier coup repris avec un succès pratique si complet.

Du premier coup aussi la haute clientèle parisienne, qui donne le ton à l'Europe, a vu dans ces émaux une originalité de bon aloi & les a acceptés. Tous les styles, depuis le campana jusqu'au Louis XVI, depuis l'indien jusqu'au timbre-poste, depuis le byzantin jusqu'à la plaque normande, tous ont été pris, repris, délaissés, repris encore, & toujours le goût si singulièrement vif de nos artistes parisiens a su leur faire dire quelque chose de rajeuni, d'imprévu & de gracieux.

Mais enfin la Mode parisienne finit par se blaser de ses joujoux les plus chers, & c'est elle qui a dicté ce vers fameux :

Il me faut du nouveau, n'en fût-il plus au monde !

M. Martz a bien fait de s'embarquer pour le Japon. Le « nouveau » qu'il nous a rapporté est beaucoup plus nouveau qu'on ne le penserait.

L'Art japonais diffère de nos données occidentales par des points essentiels. Les principes qui s'en dégagent sont très-curieux. Dans la composition, il évite la symétrie des parallèles ; il joue toujours sur des quantités impaires, trois, cinq, sept, lorsque au contraire nous procédons par deux, quatre, huit. Dans le dessin, il accentue la silhouette & s'arrête lorsqu'il a rencontré le caractère typique d'un personnage, d'un objet inanimé, d'un grand effet de la nature. Dans les colorations, il aborde les tons les plus francs, il les pose sans mélange, mais il les relie entre eux & en atténue la radiation trop intense par des tons intermédiaires d'une finesse surprenante : par exemple, dans un bijou où dominent le bleu vif & le rouge, il ne manquera pas d'introduire des passages de lilas. L'originalité & la fermeté de son style tiennent à ce qu'un épisode naturel, étudié du plus près, est toujours habilement disposé dans un centre tout à fait fantaisiste & de convention ; les yeux sont ainsi intéressés au même degré que l'esprit est piqué.

L'Art japonais tend constamment à rompre la roideur de la ligne droite, plutôt par des combinaisons d'angles, que par des courbes comme le faisait notre aimable XVIIIe siècle français. Les Académies blâment sévèrement ces tendances. Cependant, dans la vie civile, cette part faite à l'imprévu, à l'ingéniosité, au goût subtil, ajoute infiniment de séduction & d'esprit au costume, au meuble, au bijou. C'est le triomphe du parc anglais sur les ifs & les buis de Versailles. Les Grecs avaient grand soin de fondre aussi par de savantes altérations la glace d'une exécution trop rigide.

J'ai copié cette pensée sur un carnet d'Eugène Delacroix, le maître le plus vivant de notre génération ; elle affirme ce besoin d'une irrégularité relative, qui est comme le tremblement visible de la flamme du génie : « *Il y a des lignes qui sont un monstre : la droite, la serpentine régulière, surtout deux parallèles. Quand l'homme les établit, les éléments les rongent. Les lignes régulières ne sont que dans le cerveau de l'homme. De là le charme des choses anciennes & ruinées : la ruine rapproche l'objet de la Nature.* »

Les Japonais, mieux qu'aucun autre peuple, ont trouvé le secret du charme absolu dans l'irrégulier.

Bien entendu, je ne veux parler ici que de leur goût dans les arts décoratifs. Leur idéal de la beauté humaine & de ce qui en dérive étroitement nous déroute ou nous échappe. Mais pour le reste il faut nous résigner à les regarder comme des maîtres : « *Avec un langage si pur,* » a dit La Bruyère, « *une si grande recherche dans nos habits, des mœurs si cultivées, de si belles lois & un visage blanc, nous sommes Barbares pour quelques peuples....* »

BIBLIOTHÈQUE IMPÉRIALE IMPR.

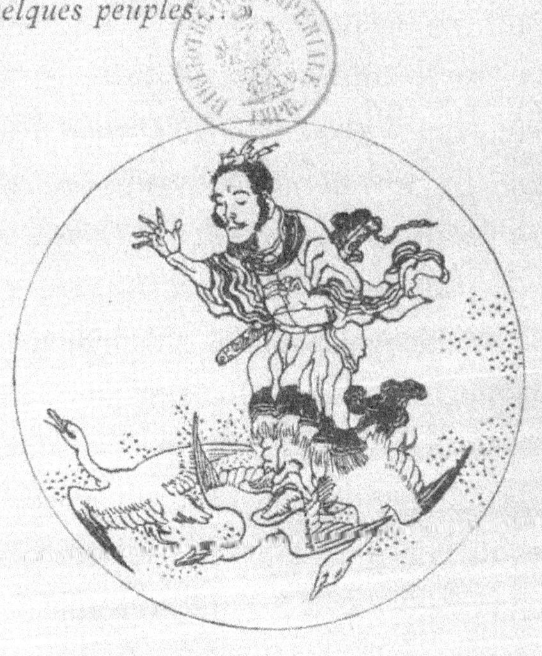

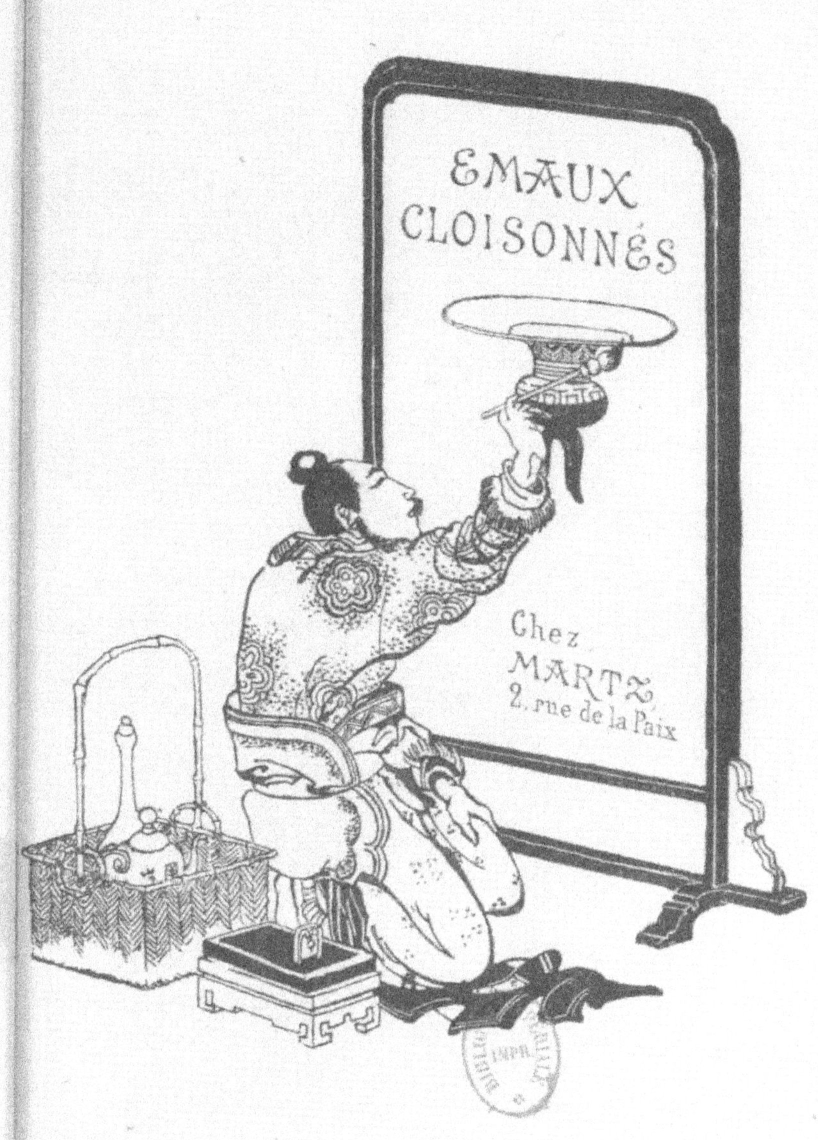

BIBLIOTHÈQUE IMPÉRIALE
IMPR.

Les Chromolithographies ont été exécutées d'après des Émaux cloisonnés de chez M. MARTZ, par M. RÉGAMEY père.

Les Croquis intercalés dans le texte ont été dessinés d'après des Albums japonais, par M. FÉLIX RÉGAMEY.

PARIS. — J. CLAYE, IMPRIMEUR, 7, RUE SAINT-BENOIT. — [1061]

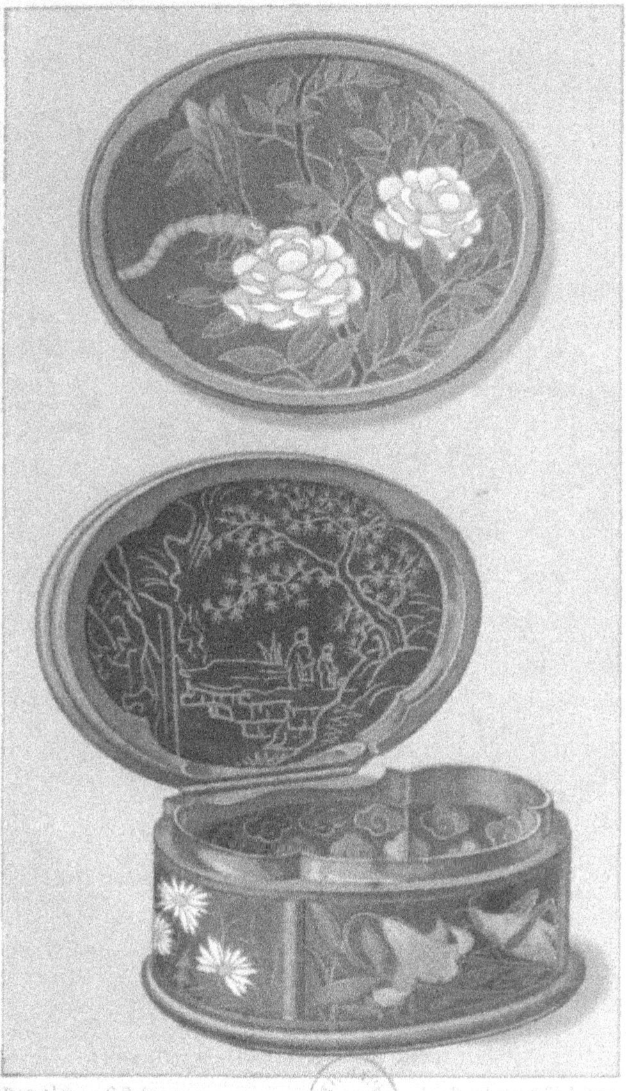

Peint et lith. par G. Regamey

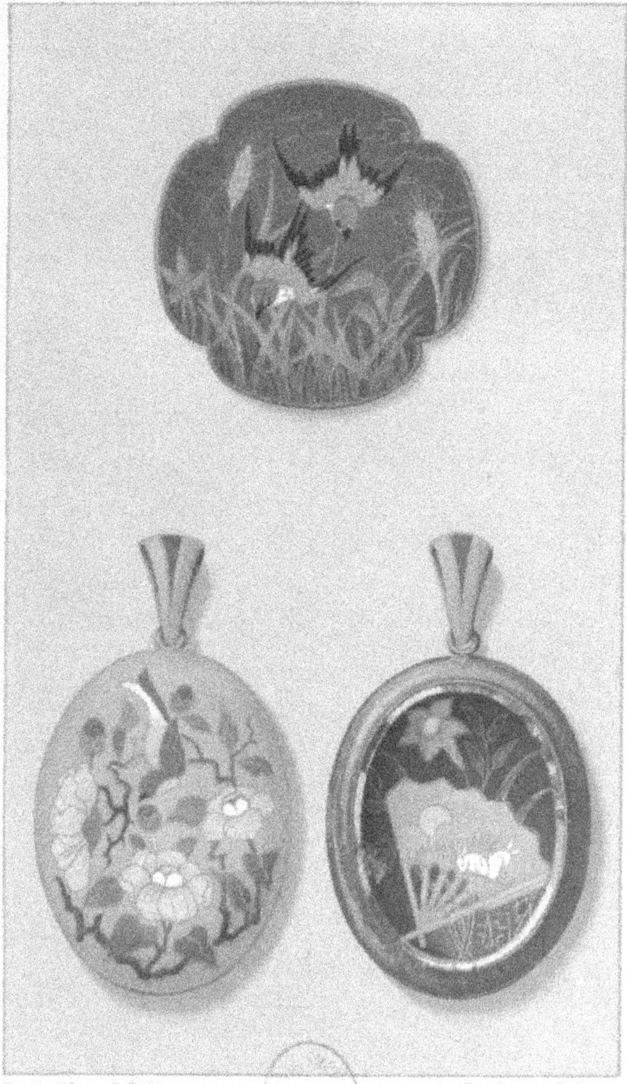

Peint et lith. par G. Régamey

Imp. Engelmann & Graf, Paris

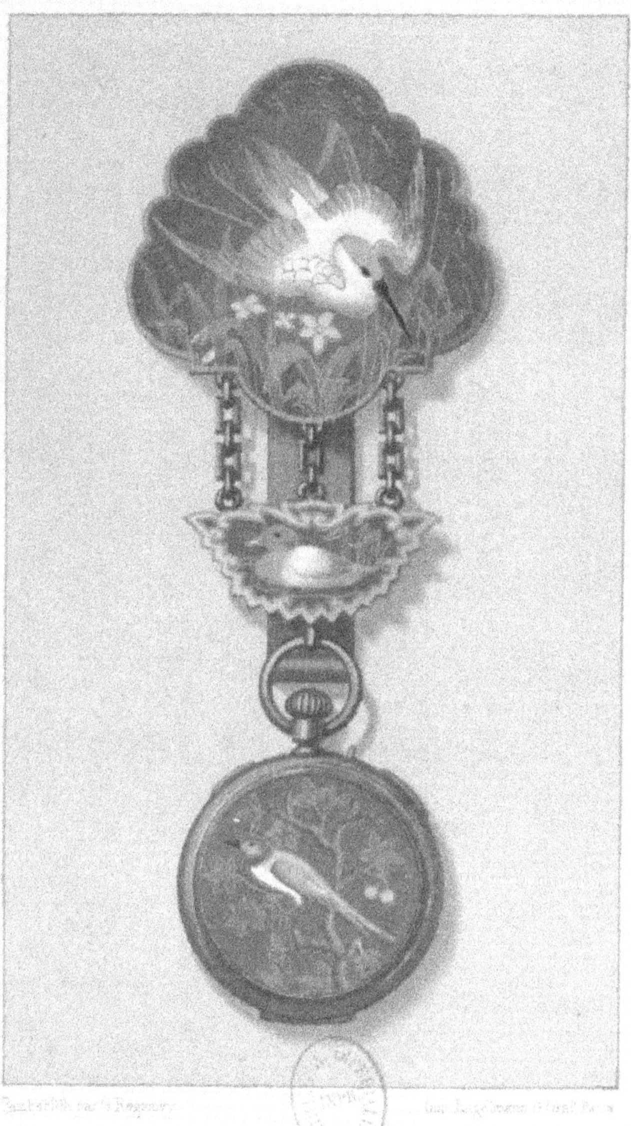

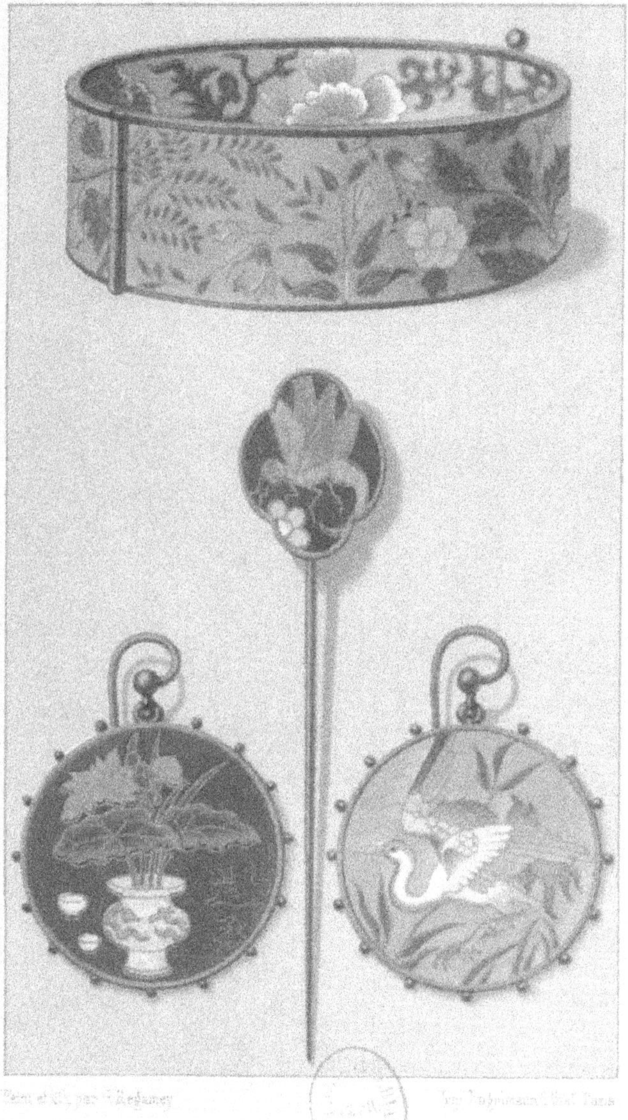

Peint et lith. par F. Régamey | Imp. Lemercier & Cie Paris

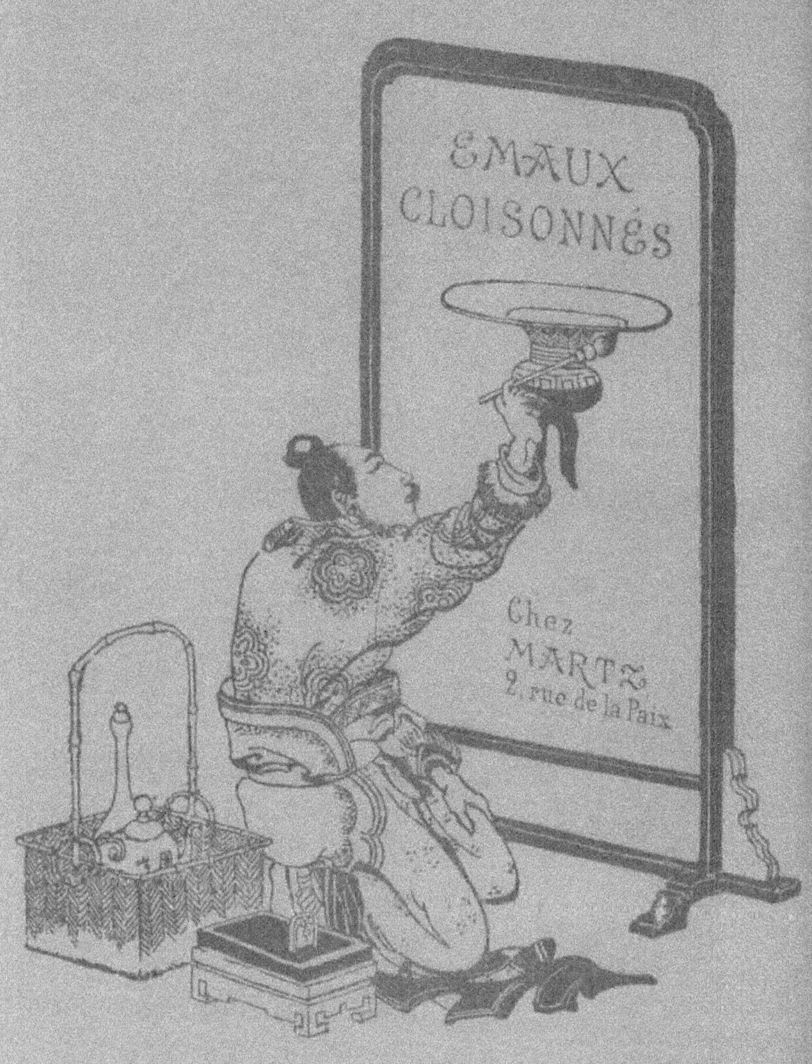

PARIS. — J. CLAYE, IMPRIMEUR, 7, RUE SAINT-BENOIT. — [1061]

www.ingramcontent.com/pod-product-compliance
Ingram Content Group UK Ltd.
Pitfield, Milton Keynes, MK11 3LW, UK
UKHW020937180726
13838UKWH00003B/1007